Impressum
Verlag: BABADADA GmbH, Nedderfeld 112 , 22529 Hamburg
Geschäftsführer / Verlagsleitung: Harald Hof
Druck: Books on Demand GmbH, In de Tarpen 42, 22848 Norderstedt

Imprint
Publisher: BABADADA GmbH, Nedderfeld 112 , 22529 Hamburg, Germany
Managing Director / Publishing direction: Harald Hof
Print: Books on Demand GmbH, In de Tarpen 42, 22848 Norderstedt, Germany

1

shkolla
Szkoła

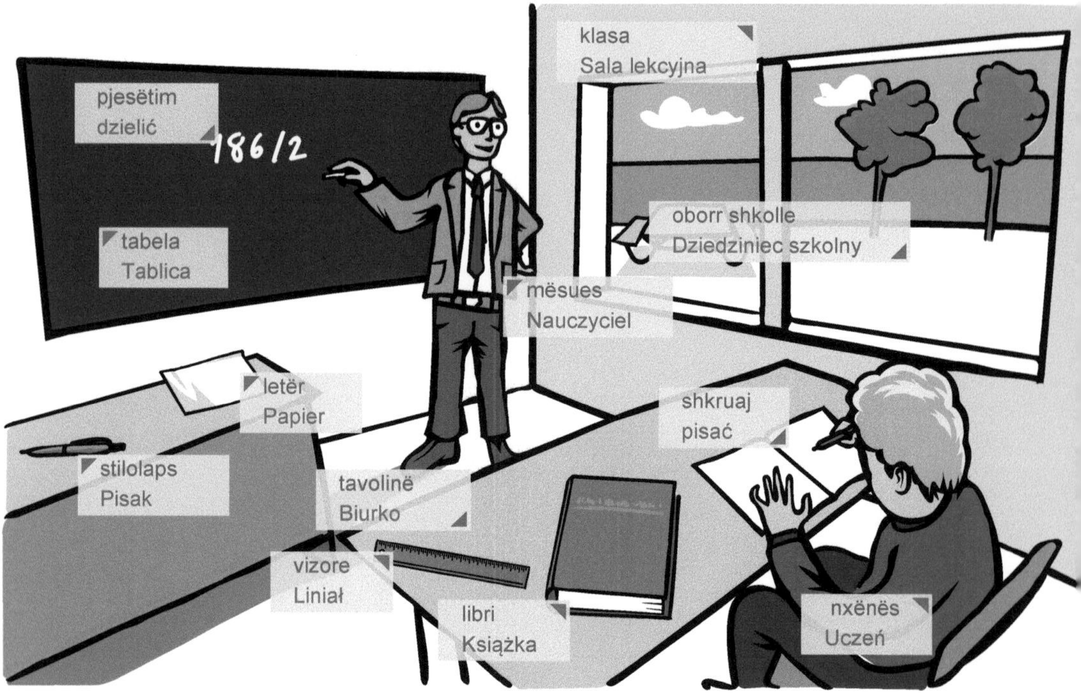
klasa
Sala lekcyjna
pjesëtim
dzielić
186/2
tabela
Tablica
oborr shkolle
Dziedziniec szkolny
mësues
Nauczyciel
letër
Papier
shkruaj
pisać
stilolaps
Pisak
tavolinë
Biurko
vizore
Liniał
libri
Książka
nxënës
Uczeń

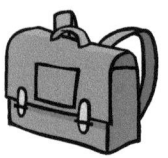

çantë

Plecak szkolny

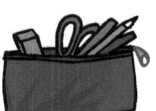

mbajtëse lapsash

Piórnik

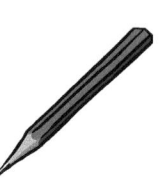

laps

Ołówek

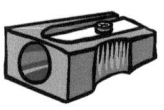

mprehës lapsash

Temperówka

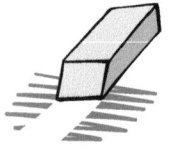

gomë

Gumka do mazania

fletore vizatimi

Blok rysunkowy

vizatim

Rysunek

penel

Pędzel

kuti bojërash

Pudełko z akwarelami

gërshërë

Nożyce

ngjitës

Klej

fletore detyrash

Książka do ćwiczenia

detyrë shtëpie

Zadanie domowe

12

numër

Liczba

2+2

mbledh

dodawać

5-2

zbres

odejmować

2×2

shumëzoj

mnożyć

llogaris

liczyć

A

gërmë

Litera

ABCDEFG HIJKLMN OPQRSTU VWXYZ

alfabeti

Alfabet

fjalë

Słowo

tekst

Tekst

lexoj

czytać

shkumës

Kreda

mësim

Godzina

regjistër

Dziennik lekcyjny

provim

Egzamin

çertifikatë

Świadectwo

uniformë shkolle

Mundurek szkolny

arsimim

Wykształcenie

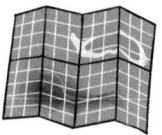

enciklopedia

Leksykon

universitet

Uniwersytet

mikroskop

Mikroskop

hartë

Mapa

kosh letrash

Kosz na odpadki

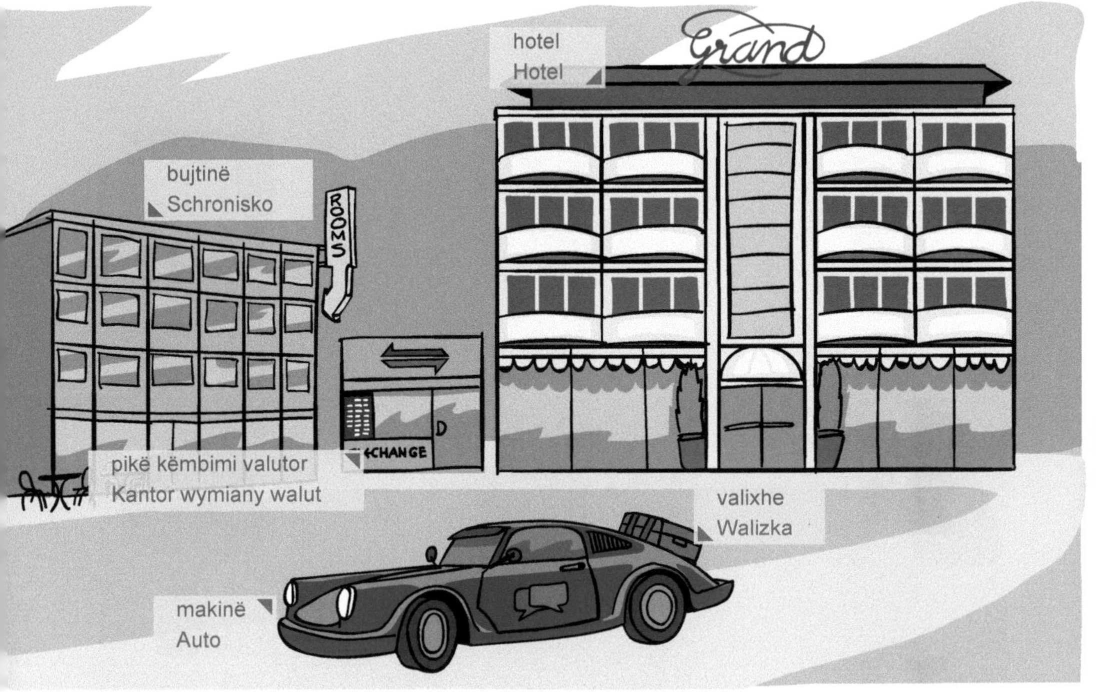

hotel
Hotel
Grand
bujtinë
Schronisko
ROOMS
EXCHANGE
pikë këmbimi valutor
Kantor wymiany walut
valixhe
Walizka
makinë
Auto

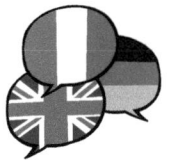

gjuhë

Język

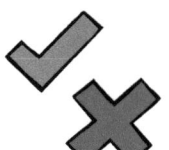

po / jo

tak / nie

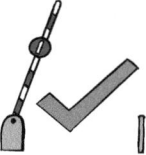

Në rregull

OK

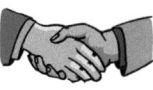

ç'kemi

Halo

përkthyes

Tłumacz

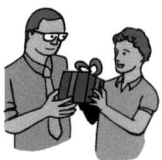

Faleminderit

Dziękuję

sa kushton...?

Ile kosztuje ...?

nuk e kuptoj

Nie rozumiem

problem

Problem

Mirëmbrëma!

Dobry wieczór!

Mirëmëngjes!

Dzień dobry!

Natën e mirë!

Dobranoc!

mirupafshim

Do widzenia

drejtim

Kierunek

bagazhet

Bagaż

çantë

Torba

çantë shpine

Plecak

mysafir

Gość

dhomë

Pokój

thes gjumi

Śpiwór

tendë

Namiot

informacion për turistët

Informacja turystyczna

plazh

Plaża

kartë krediti

Karta kredytowa

mëngjes

Śniadanie

drekë

Obiad

darkë

Kolacja

Biletë

Bilet

ashensor

Winda

pulla

Znaczek na list

kufi

Granica

doganë

Cło

ambasadë

Ambasada

vizë

Wiza

pasaportë

Paszport

transport
Transport

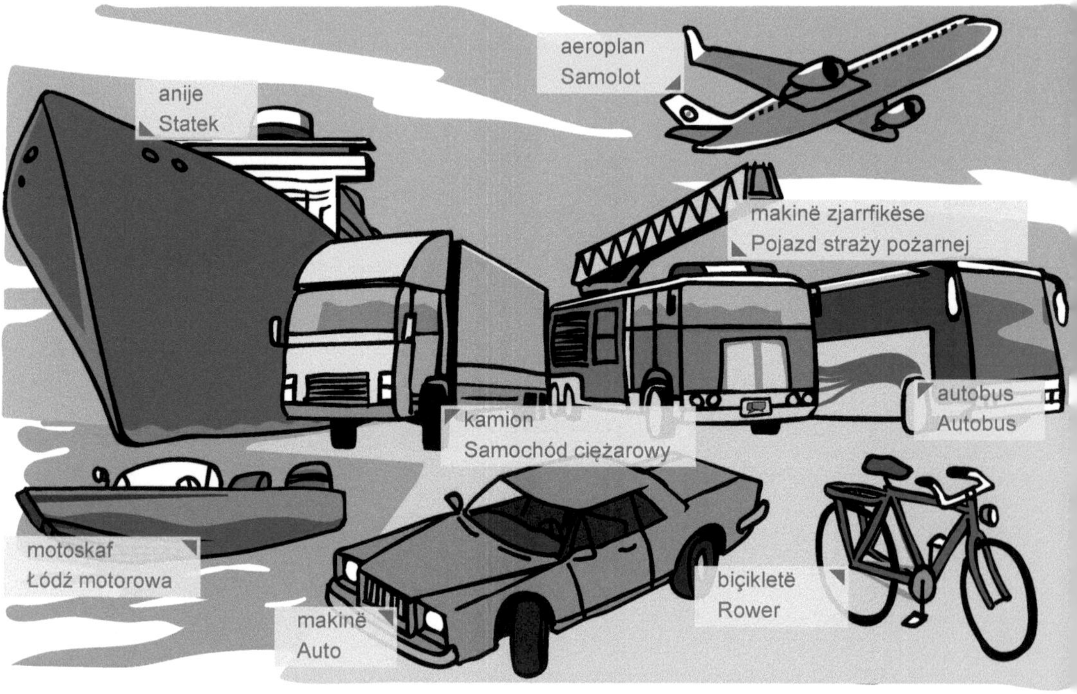
aeroplan
Samolot
anije
Statek
makinë zjarrfikëse
Pojazd straży pożarnej
autobus
Autobus
kamion
Samochód ciężarowy
motoskaf
Łódź motorowa
biçikletë
Rower
makinë
Auto

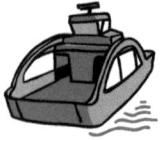

traget

Prom

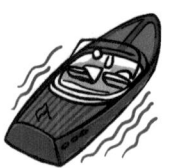

varkë

Łódź

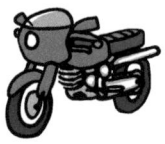

motoçikletë

Motocykl

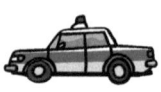

makinë policie

Radiowóz policyjny

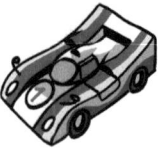

makinë garash

Samochód wyścigowy

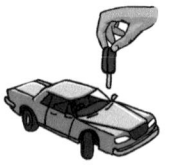

makinë me qira

Samochód wypożyczony

ndarje e qirasë së makinës

Wspólne przejazdy
samochodem

karroatrec

Samochód pomocy
drogowej

makinë plehrash

Śmieciarka

motor

Silnik

benzinë

Benzyna

pikë karburanti

Stacja benzynowa

sinjalistikë trafiku

Znak drogowy

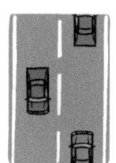

trafik

Ruch

bllokim trafiku

Korek

parkim makinash

Parking

stacion treni

Dworzec

trase

Szyny

tren

Pociąg

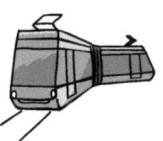

tramvaj

Tramwaj

karro

Wagon

helikopter

Helikopter

aeroport

Lotnisko

kullë

Wieża

pasagjer

Pasażer

kontenier

Kontener

kuti kartoni

Karton

qerre

Taczka

shportë

Kosz

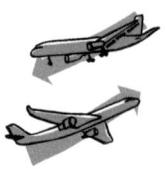

ngrihem / ulem

startować / lądować

qytet

Miasto

fshat

Wieś

qendra e qytetit

Centrum miasta

shtëpi

Dom

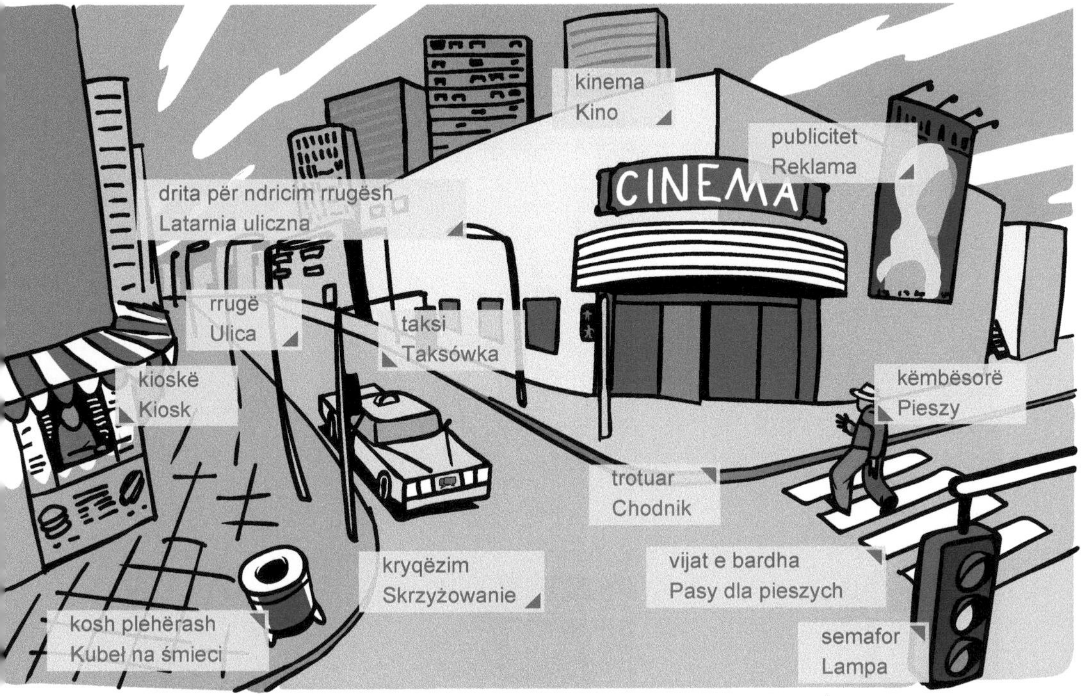

kinema
Kino

publicitet
Reklama

drita për ndricim rrugësh
Latarnia uliczna

rrugë
Ulica

taksi
Taksówka

kioskë
Kiosk

këmbësorë
Pieszy

trotuar
Chodnik

kryqëzim
Skrzyżowanie

vijat e bardha
Pasy dla pieszych

kosh plehërash
Kubeł na śmieci

semafor
Lampa

CINEMA

kasolle
Chata

apartament
Mieszkanie

stacion treni
Dworzec

bashki
Ratusz

muze
Muzeum

shkolla
Szkoła

universitet

Uniwersytet

bankë

Bank

spital

Szpital

hotel

Hotel

farmaci

Apteka

zyrë

Biuro

librari

Księgarnia

dyqan

Sklep

dyqan lulesh

Kwiaciarnia

supermarket

Supermarket

market

Rynek

mapo

Dom towarowy

dyqan peshku

Sklep z rybami

qëndër tregtare

Centrum handlowe

port

Port

park
Park

stol
Ławka

urë
Most

shkallë
Schody

metro
Metro

tunel
Tunel

stacion autobuzi
Przystanek autobusowy

bar
Bar

restorant
Restauracja

kuti postare
Skrzynka na listy

sinjalistikë rrugore
Tabliczka z nazwą ulicy

kohëmatës parkimi
Parkometr

kopsht zoologjik
Zoo

pishinë
Łaźnia

xhami
Meczet

fermë

Gospodarstwo chłopskie

ndotje

Zanieczyszczenie środowiska

varrezë

Cmentarz

kishë

Kościół

shesh lojërash

Plac zabaw

tempull

Świątynia

peisazh
Krajobraz

gjethe
Liść

tabela orientuese
Drogowskaz

rrugë
Droga

livadh
Łąka

gurë
Kamień

pemë
Drzewo

ekskursionist
Wędrowiec

lumë
Rzeka

bar
Trawa

lule
Kwiat

luginë
Dolina

kodër
Góra

liqen
Jezioro

pyll
Las

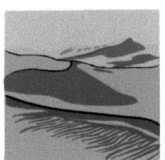

shkretëtirë
Pustynia

vullkan
Wulkan

kështjellë
Zamek

ylber
Tęcza

kepudhë
Grzyb

palmë
Palma

mushkonjë
Komar

mizë
Mucha

milingonë
Mrówka

bletë
Pszczoła

merimangë
Pająk

brumbull

Chrząszcz

bretkosë

Żaba

ketër

Wiewiórka

iriq

Jeż

lepur

Zając

buf

Sowa

zog

Ptak

mjellmë

Łabędź

derr i egër

Dzik

dre

Jeleń

dre brilopatë

Łoś

digë

Tama

turbinë ere

Wiatrak

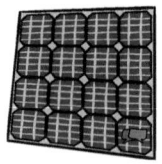

panel diellor

Moduł solarny

klimë

Klimat

restorant
Restauracja

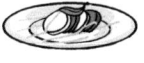

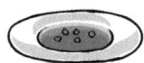

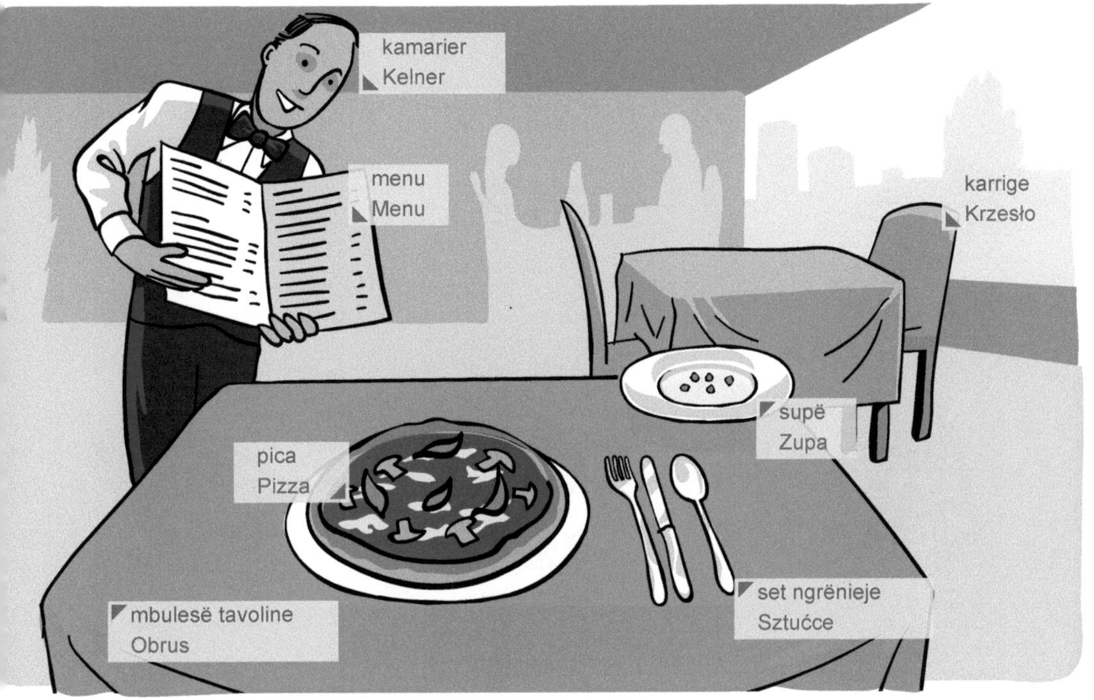

kamarier
Kelner
menu
Menu
karrige
Krzesło
supë
Zupa
pica
Pizza
set ngrënieje
Sztućce
mbulesë tavoline
Obrus

pjatë e parë

Przystawka

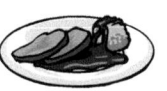

pjatë kryesore

Danie główne

ëmbëlsirë

Deser

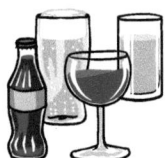

pije

Napoje

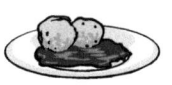

ushqim

Jedzenie

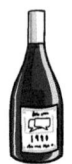

shishe

Butelka

ushqim i shpejtë

Fastfood

ushqim i shërbyer në rrugë

Streetfood

ibrik çaji

Dzbanek na herbatę

kuti sheqeri

Cukierniczka

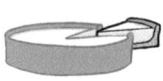

racion

Porcja

makinë kafeje ekspres

Zaparzarka do espresso

karrige e lartë

Krzesło dla dziecka

faturë

Rachunek

tabaka

Taca

thika

Nóż

pirun

Widelec

lugë

Łyżka

lugë çaji

Łyżeczka

pecetë

Serwetka

gotë

Szklanka

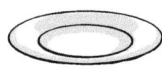

pjatë
Talerz

pjatë supe
Talerz do zupy

pjatë filxhani
Podstawek pod filiżankę

salcë
Sos

mbajtëse kripe
Solniczka

mulli piperi
Młynek do pieprzu

uthull
Ocet

vaj
Olej

erëza
Przyprawy

keçap
Keczup

mustardë
Musztarda

majonezë
Majonez

supermarket
Supermarket

oferte speciale
Oferta
klient
Klient
produkte bulmeti
Produkty mleczne
FOR
frut
Owoce
karrocë pazari
Wózek sklepowy

BUTCHERS

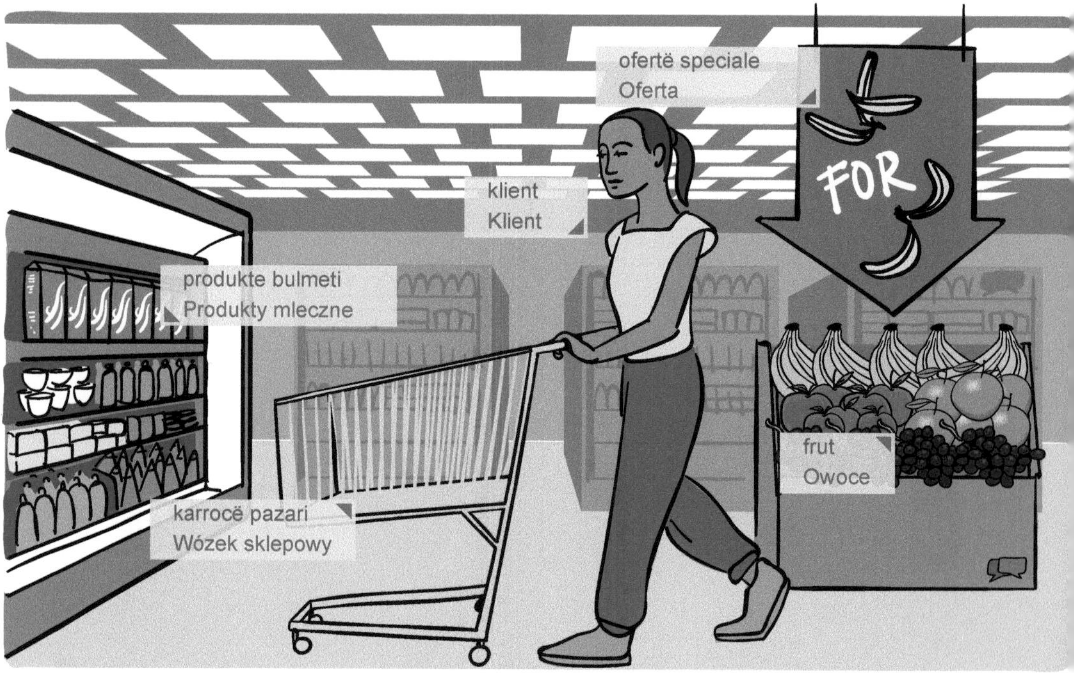

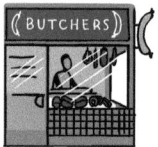

dyqan mishi

Rzeźnia

BAKERY

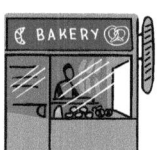

furrë buke

Piekarnia

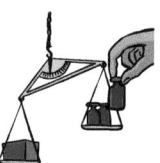

peshoj

ważyć

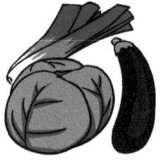

perime

Warzywa

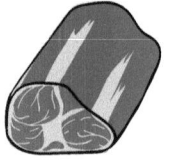

mish

Mięso

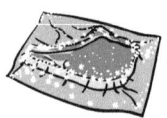

ushqim i ngrirë

Mrożonki

copë

Wędliny

ushqim i konservuar

Konserwy

pluhur larës

Proszek m do prania

ëmbëlsirat

Słodycze

prodhime shtëpie

Artykuły użytku domowego

produkte pastrimi

Środek czyszczący

shitëse

Sprzedawczyni

kasë fiskale

Kasa

arkëtar

Kasjer

listë blerjeje

Lista zakupów

oraret e punës

Godziny otwarcia

portofol

Portfel

kartë krediti

Karta kredytowa

çantë

Torba

qese plastike

Torebka plastikowa

ujë

Woda

lëng frutash

Sok

qumësht

Mleko

koka-kola

Cola

verë

Wino

birrë

Piwo

alkool

Alkohol

kakao

Kakao

çaj

Herbata

kafe

Kawa

kafe ekspres

Espresso

kapuçino

Cappuccino

banane

Banan

mollë

Jabłko

portokalle

Pomarańcza

pjepër

Arbuz

limon

Cytryna

karrotë

Marchew

hudhër

Czosnek

bambu

Bambus

qepë

Cebula

kërpudha

Grzyb

arra

Orzechy

makarona

Makaron

spageti

Spaghetti

oriz

Ryż

sallatë

Sałatka

patate të skuqura

Frytki

patate të skuqura

Ziemniaki pieczone

pica

Pizza

hamburger

Hamburger

sanduiç

Kanapka

shnicel

Sznycel

proshutë

Szynka

sallam

Salami

salçiçe

Kiełbasa

pulë

Kura

skuq

Pieczeń

peshk

Ryba

tërshërë

Płatki owsiane

drithëra

Musli

kornfleiks

Płatki kukurydziane

miell

Mąka

kruasant

Croissant

panine

Bułka

bukë

Chleb

tost

Toast

biskotë

Ciastka

gjalp

Masło

gjizë

Twarożek

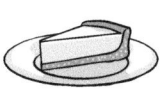

tortë

Ciasto

vezë

Jajko

vezë sy

Jajko sadzone

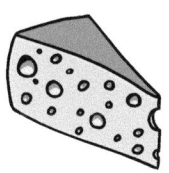

djathë

Ser

akullore

Lody

sheqer

Cukier

mjaltë

Miód

marmaladë

Marmolada

çokokrem

Krem nugatowy

këri

Curry

fermë

Gospodarstwo chłopskie

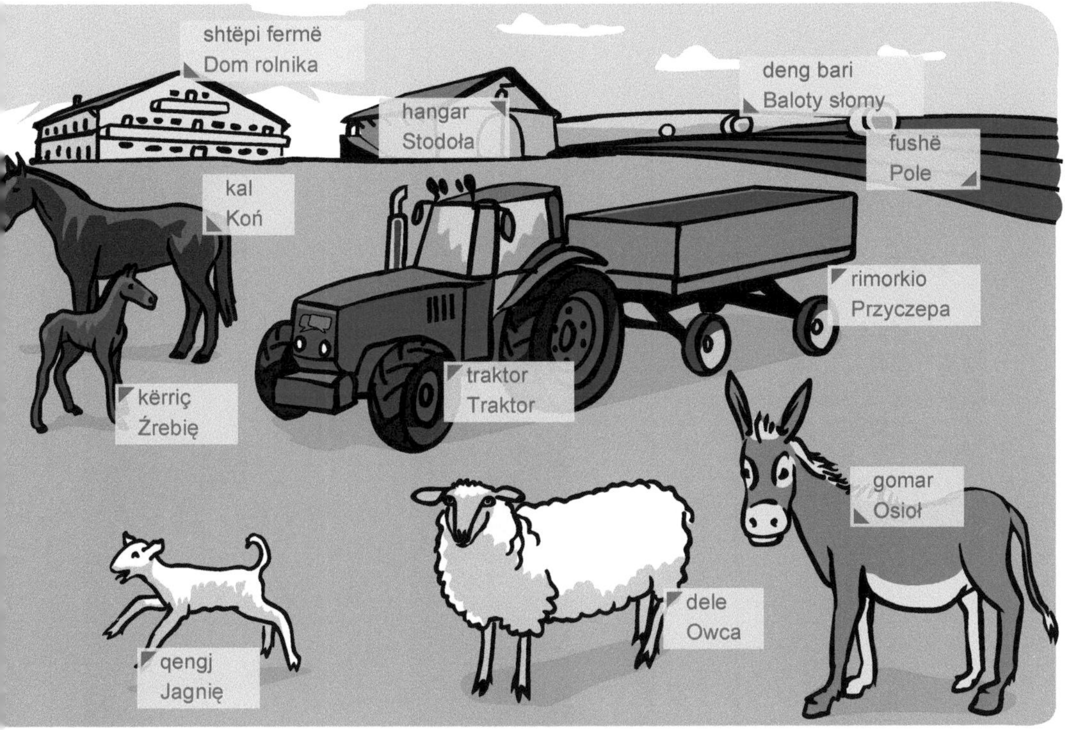
shtëpi fermë
Dom rolnika
hangar
Stodoła
deng bari
Baloty słomy
fushë
Pole
kal
Koń
rimorkio
Przyczepa
traktor
Traktor
kërriç
Źrebię
gomar
Osioł
dele
Owca
qengj
Jagnię

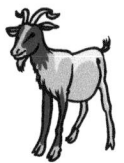

dhi

Koza

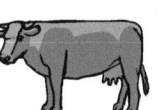

lopë

Krowa

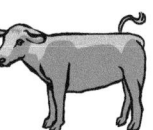

viç

Cielę

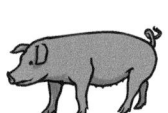

derr

Świnia

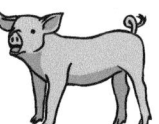

derrkuc

Prosię

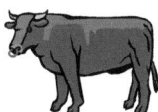

dem

Byk

patë

Gęś

rosë

Kaczka

zog pule

Kurczątko

pulë

Kura

gjel

Kogut

mi

Szczur

mace

Kot

mi

Mysz

buall

Osioł

qen

Pies

kolibe qeni

Buda dla psa

zorrë vaditëse

Wąż ogrodowy

vaditëse

Konewka

kosë

Kosa

plug

Pług

drapër
Sierp

shat
Graca

kosa
Widły

sëpatë
Siekiera

karrocë
Taczka

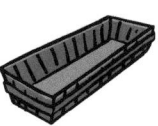

govatë
Koryto

bidon qumështi
Kanka na mleko

thes
Worek

gardh
Płot

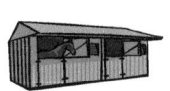

ahur
Stajnia

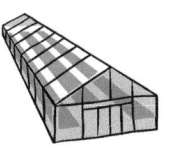

serë
Szklarnia

dhe
Ziemia

farë
Nasiona

pleh
Nawóz

autokombanjë
Kombajn zbożowy

korr

zbierać

te korrat

Żniwa

patate e ëmbël "Yam"

Podchrzyn

grurë

Pszenica

soja

Soja

patate

Ziemniak

misër

Kukurydza

raps

Rzepak

pemë frutore

Drzewo owocowe

zhardhok manioku

Maniok

drithëra

Zboże

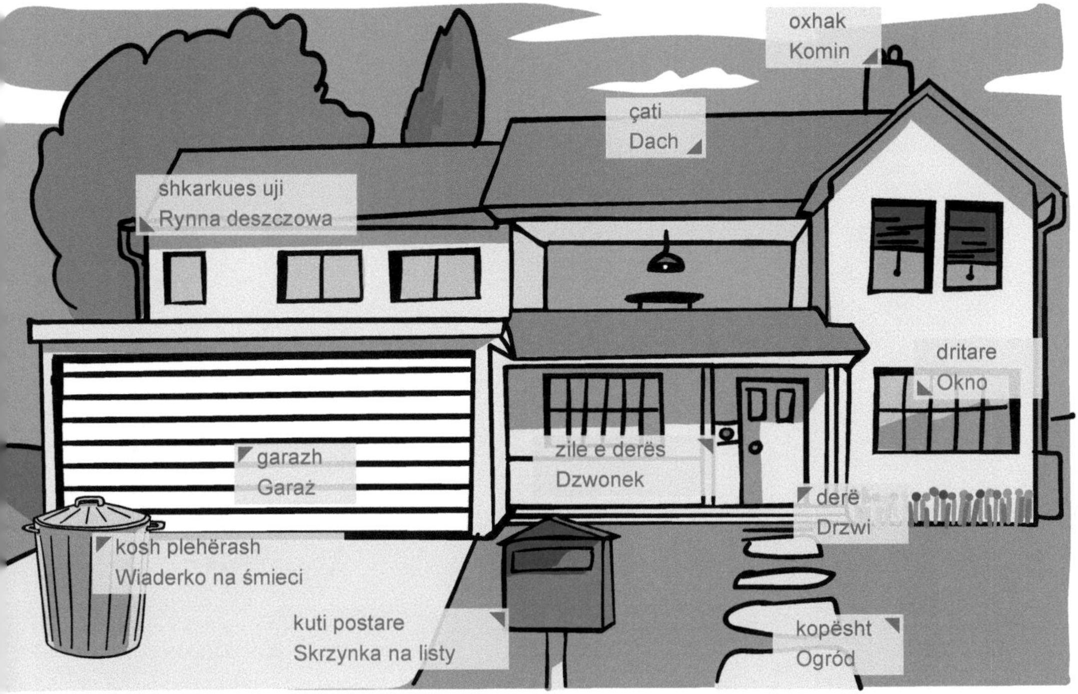

oxhak
Komin

çati
Dach

shkarkues uji
Rynna deszczowa

dritare
Okno

garazh
Garaż

zile e derës
Dzwonek

derë
Drzwi

kosh plehërash
Wiaderko na śmieci

kuti postare
Skrzynka na listy

kopësht
Ogród

dhomë ndenjeje

Pokój dzienny

tualet

Łazienka

kuzhinë

Kuchnia

dhomë gjumi

Sypialnia

dhomë fëmijësh

Pokój dziecięcy

dhomë ngrënieje

Jadalnia

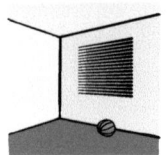

dysheme

Ziemia

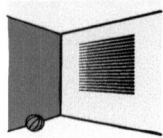

mur

Ściana

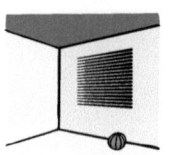

tavan

Koc

bodrum

Piwnica

sauna

Sauna

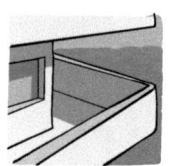

ballkon

Balkon

tarracë

Taras

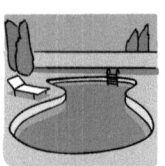

pishinë

Basen

kositëse bari

Kosiarka do trawy

çarçaf

Poszwa

kuvertë

Kołdra

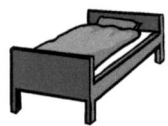

krevat

Łóżko

fshesë dore

Miotła

kovë

Wiadro

çelës

Włącznik

dhomë ndenjeje
Pokój dzienny

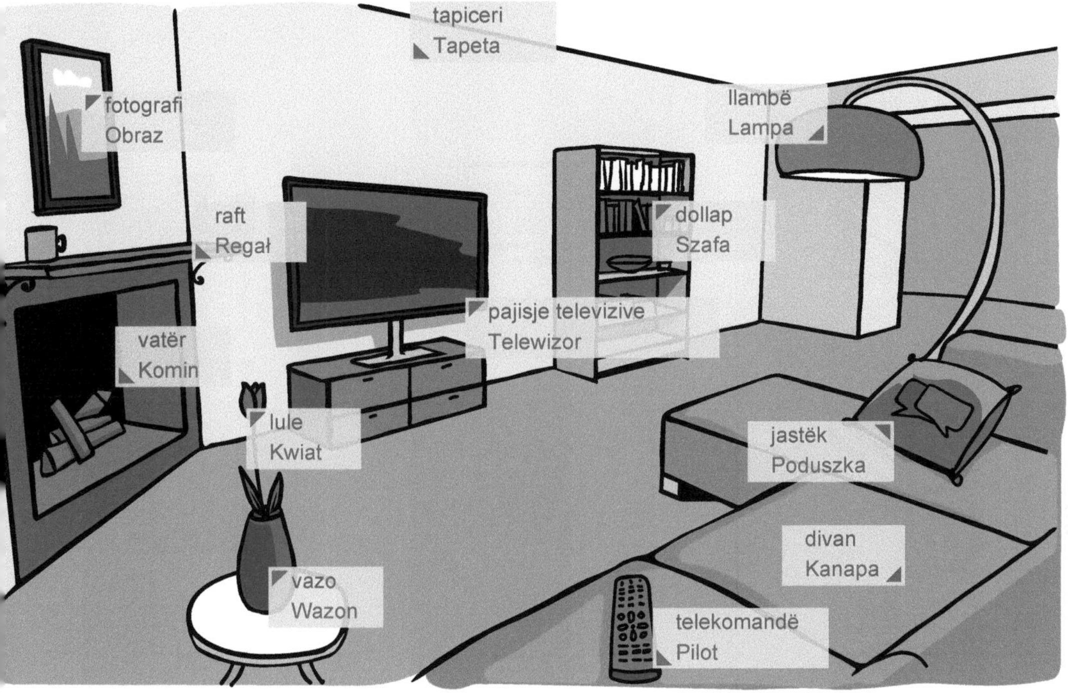

tapiceri
Tapeta
fotografi
Obraz
llambë
Lampa
raft
Regał
dollap
Szafa
pajisje televizive
Telewizor
vatër
Komin
lule
Kwiat
jastëk
Poduszka
divan
Kanapa
vazo
Wazon
telekomandë
Pilot

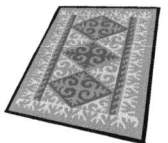

qilim

Dywan

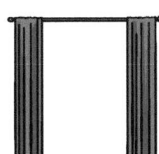

perde

Zasłona

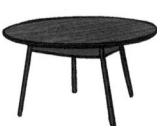

tavolinë

Stół

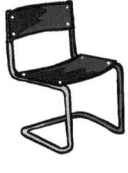

karrige

Krzesło

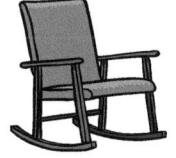

karrige lëkundëse

Bujak

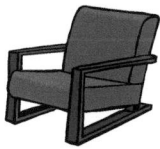

kolltuk

Fotel

libri

Książka

batanije

Sufit

zbukurime

Dekoracja

dru zjarri

Drewno kominkowe

film

Film

stereo

Instalacja stereo

çelës

Klucz

gazetë

Gazeta

pikturë

Malunek

afishe

Plakat

radio

Radio

bllok shënimesh

Notatnik

fshesë me korent

Odkurzacz

kaktus

Kaktus

qiri

Świeczka

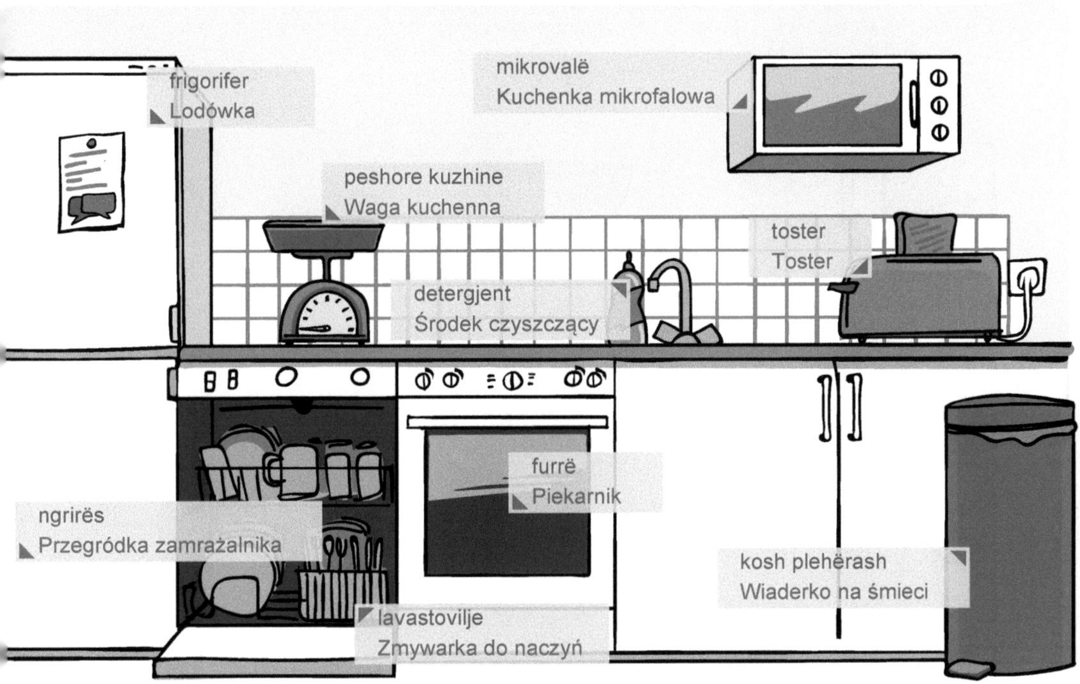

frigorifer
Lodówka

mikrovalë
Kuchenka mikrofalowa

peshore kuzhine
Waga kuchenna

toster
Toster

detergjent
Środek czyszczący

furrë
Piekarnik

ngrirës
Przegródka zamrażalnika

kosh plehërash
Wiaderko na śmieci

lavastovilje
Zmywarka do naczyń

sobë
Kuchenka

tenxhere
Garnek

tenxhere me kapak
Kocioł żeliwny

tigan special (Wok)
Wok / Kadai

tigan
Patelnia

çajnik
Czajnik

tenxhere me avull

Parowar

tavë pjekjeje

Blacha do pieczenia

enë

Naczynia kuchenne

filxhan

Kubek

tas

Miska

shkopinj

Pałeczki

garuzhde

Nabierka

spatul

Łopatka do smażenia

tel kuzhine

Trzepaczka do śmietany

kulluese

Cedzak

sitë

Sitko

rende

Tarka

havan

Moździerz

skarë

Grillowanie

zjarr

Palenisko

dërrasë për prerje

Deska

okllai

Wałek do ciasta

heqëse tapash

Korkociąg

kanaçe

Puszka

hapëse kanaçeje

Otwieracz do puszek

rrobë për të kapur
tenxheren
Ściereczka do trzymania
garnka

lavaman

Umywalka

furçë

Szczotka

sfungjer

Gąbka

përzjerës

Mikser

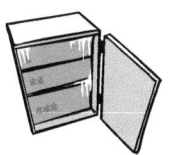

ngrirës

Zamrażarka

biberon për lëngje

Butelka dla niemowlęcia

rubinet

Kran

tualet
Łazienka

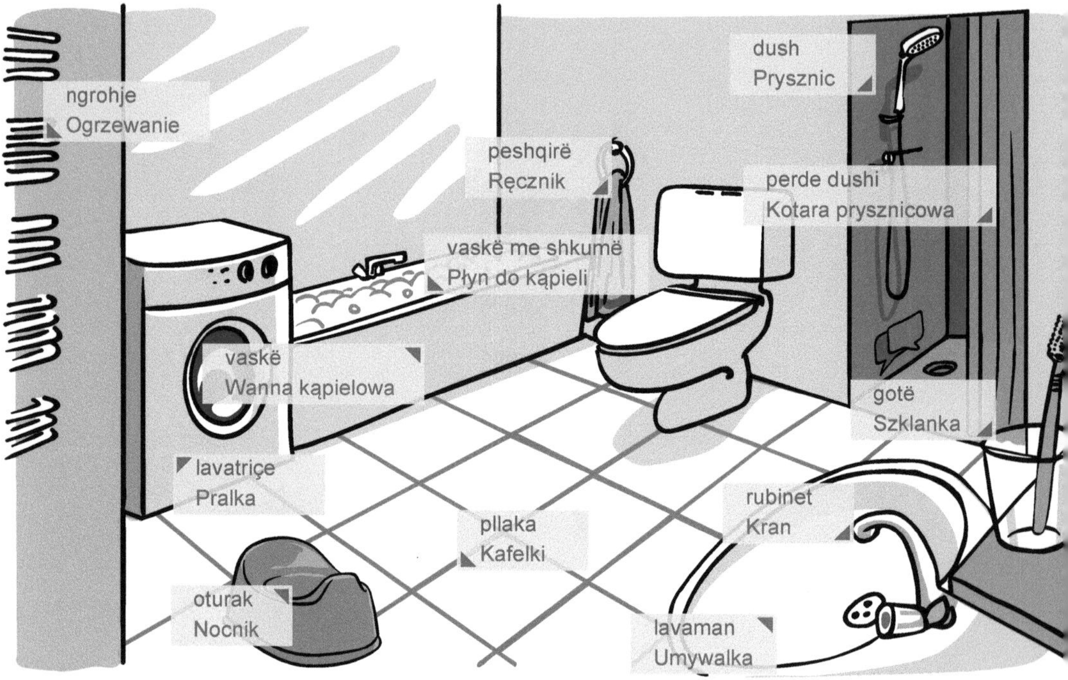

ngrohje
Ogrzewanie
dush
Prysznic
peshqirë
Ręcznik
perde dushi
Kotara prysznicowa
vaskë me shkumë
Płyn do kąpieli
vaskë
Wanna kąpielowa
gotë
Szklanka
lavatriçe
Pralka
rubinet
Kran
pllaka
Kafelki
oturak
Nocnik
lavaman
Umywalka

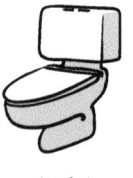

tualet

Toaleta

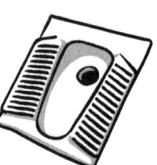

WC e sheshtë

Toaleta kuczna

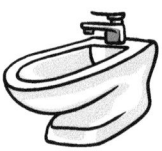

bide

Bidet

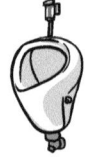

tualet publik

Pisuar

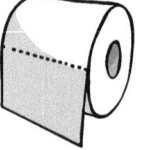

letër higjienike

Papier toaletowy

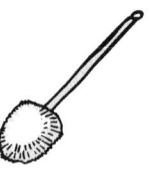

furçe për WC

Szczotka toaletowa

furçë dhëmbësh

Szczoteczka do zębów

pastë dhëmbësh

Pasta do zębów

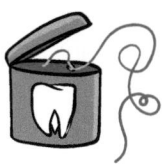

fije dentare

Nitki do czyszczenia zębów

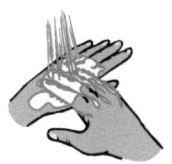

laj

myć

dorezë dushi

Głowica prysznicowa

larës për zonën intime

Płyn kąpielowy do higieny
intymnej

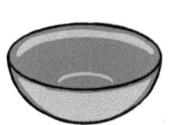

legen

Miska do mycia

furçë për masazh shpine

Szczotka kąpielowa

sapun

Mydło

shampo trupi

Żel prysznicowy

shampo

Szampon

leckë pastruese

Rękawica kąpielowa

kullues

Odpływ

krem

Krem

antidjersë

Dezodorant

pasqyrë

Lustro

pasqyrë dore

Lustro kosmetyczne

brisk rroje

Golarka

shkumë rroje

Pianka do golenia

locion pas rrojes

Woda po goleniu

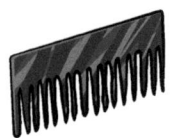

krehër

Grzebień

furçë

Szczotka

tharëse flokësh

Suszarka do włosów

llak për flokët

Spray do włosów

grim

Makijaż

buzëkuq

Pomadka

manikyr

Lakier do paznokci

mbushje pambuku

Wata

gërshërë për thonj

Nożyczki do paznokci

parfum

Perfum

çantë për sendet personale

Kosmetyczka

Stol

Taboret

peshore

Waga

robëdëshambër

Szlafrok kąpielowy

dorashka gome

Rękawice gumowe

tampon

Tampon

peceta higjienike

Podpaska damska

tualet I lëvizshëm

Toaleta chemiczna

dhomë fëmijësh
Pokój dziecięcy

orë me zile
Budzik
lodra me pellushë
Pluszowa przytulanka
makinë lodër
Samochodzik
rraketake
Grzechotka
shtëpi kukullash
Domek dla lalek
dhuratë
Prezent

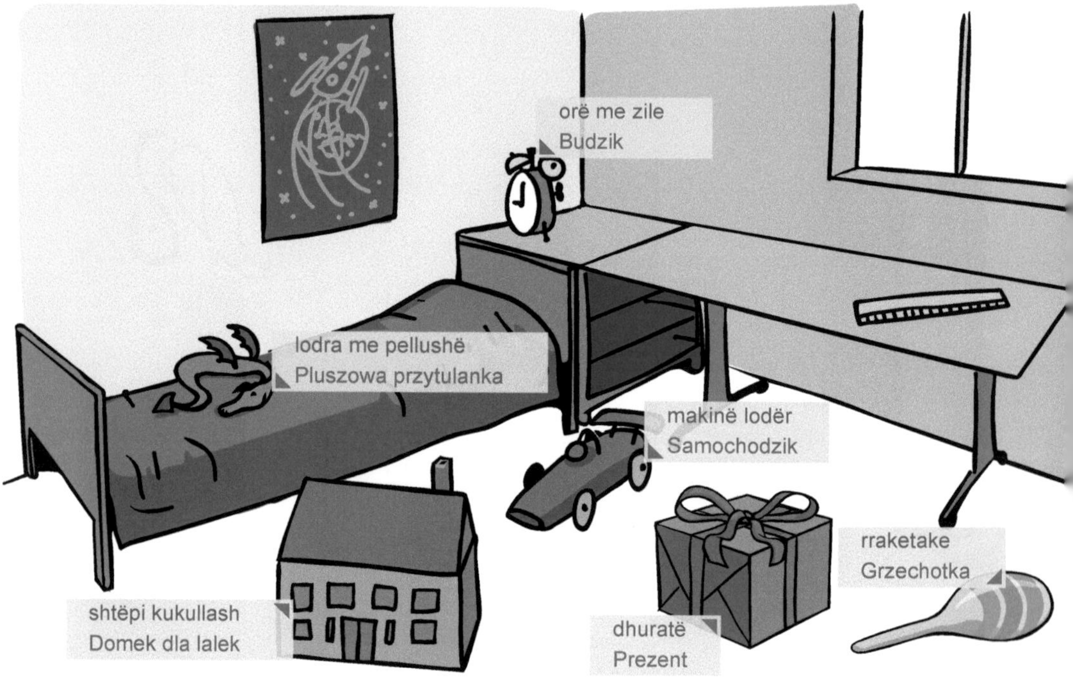

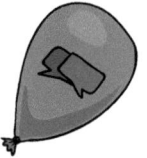

tollumbace

Balon

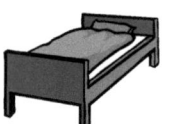

krevat

Łóżko

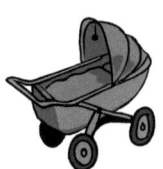

karrocë fëmijësh

Wózek dziecięcy

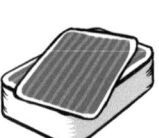

lojë me letra

Gra w karty

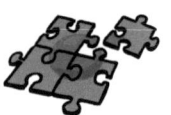

bashkim pjesësh me figura

Puzzle

komik

Komiks

formuese lodër

Klocki lego

kuba plastikë

Klocki

lodra

Action figura

badi

Śpioszek dziecięcy

frizbi

Frisbee

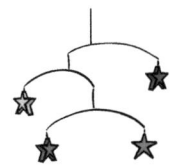

lodra të varura tek krevati i fëmijëve

Zabawki ruchome

tavolinë lojërash

Gra planszowa

zare

Kości

model treni

Kolejka elektryczna

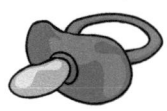

biberon

Smoczek

festë

Przyjęcie

libër me ilustrime

Książka z ilustracjami

top

Piłka

kukull

Lalka

luaj

bawić się

grumbull rëre

Piaskownica

kolovarëse

Huśtawka

lodra

Zabawki

leva për lojra video

Konsola do gier

triçikël

Rowerek trójkołowy

arush prej pellushi

Pluszowy miś

garderobë

Szafa ubraniowa

veshje

Ubiór

çorape

Skarpety

çorape të gjata

Pończochy

geta

Rajstopy

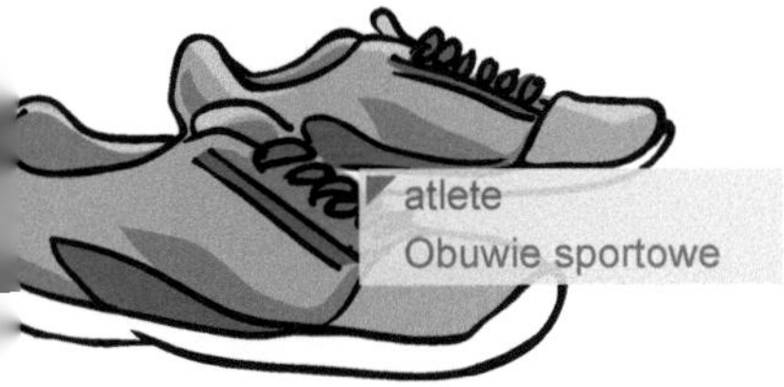

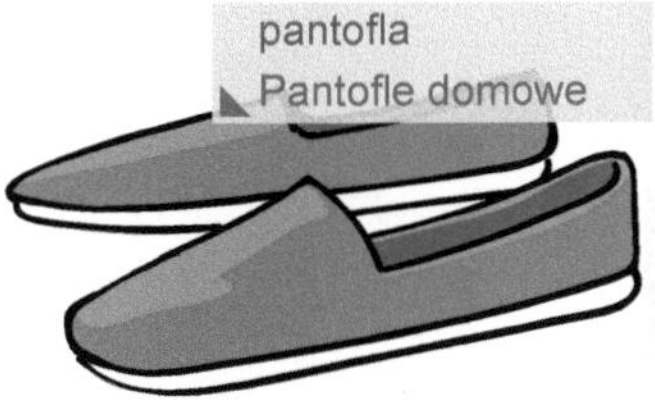

shall
Szal

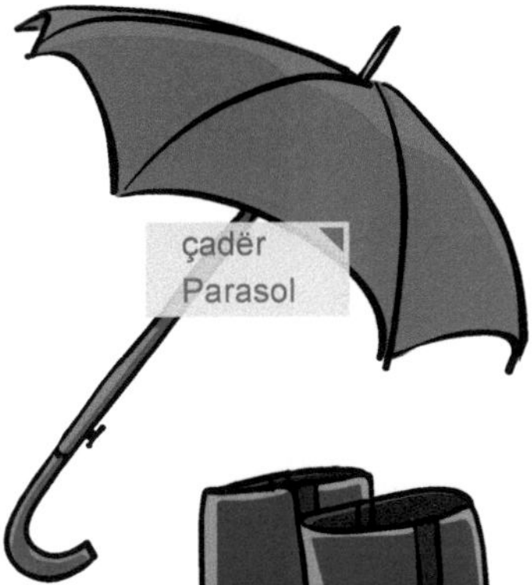

rrip
Pasek

çadër
Parasol

bluzë pa jakë
T-Shirt

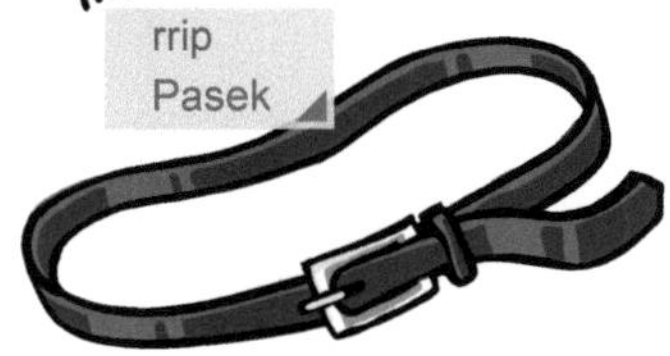

çizme
Kozaki

pantofla
Pantofle domowe

atlete
Obuwie sportowe

sandale
....
Sandały

këpucë
....
Buty

çizme llastiku
....
Kalosze

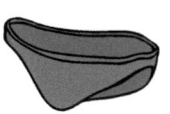

të mbathura
....
Majtki

reçipeta
....
Biustonosz

kanotierë
....
Podkoszulek

trup

Body

pantallona

Spodnie

xhinse

Dżins

fund

Spódnica

bluzë

Bluzka

këmishë

Koszula

pulovër

Pulower

triko

Bluza sportowa

xhaketë

Marynarka

xhaketë

Kurtka

pallto

Płaszcz

mushama shiu

Płaszcz przeciwdeszczowy

kostum

Kostium

fustan

Sukienka

fustan nusërie

Suknia ślubna

kostum

Garnitur męski

këmishë nate

Koszula nocna

pizhama

Piżama

sari (veshje tradicionale indiane)

Sari

shami koke

Chusta na głowę

çallmë

Turban

veshje për femrat e besimit musliman

Burka

kaftan (lloj veshjeje tradicionale)

Kaftan

ferexhe

Abaya

kostum banje

Strój kąpielowy

rroba banje

Kąpielówki

pantallona të shkurtra

Krótkie spodnie

tuta sporti

Dres sportowy

përparëse

Fartuch

dorashka

Rękawiczki

veshje - Ubiór

47

kopsë

Guzik

syze

Okulary

byzylyk

Bransoletka

gjerdan

Łańcuszek

unazë

Pierścionek

vath

Kolczyk

kapuç

Czapka

varëse për pallto

Wieszak

kapele

Kapelusz

kravatë

Krawat

zinxhir

Zamek błyskawiczny

helmetë

Kask

tiranda

Szelki

uniformë shkolle

Mundurek szkolny

uniformë

Mundur

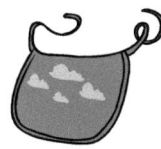

gushore

Śliniaczek

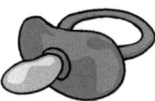

biberon

Smoczek

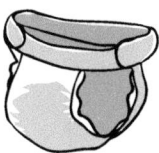

pelenë

Pieluszka

zyrë
Biuro

server
Serwer
skedar
Szafa na akta
printer
Drukarka
letër
Papier
ekran
Monitor
maus
Mysz
tavolinë
Biurko
dosje
Segregator
tastierë
Klawiatura
kosh letrash
Kosz na odpadki
kompjuter
Komputer
karrige
Krzesło

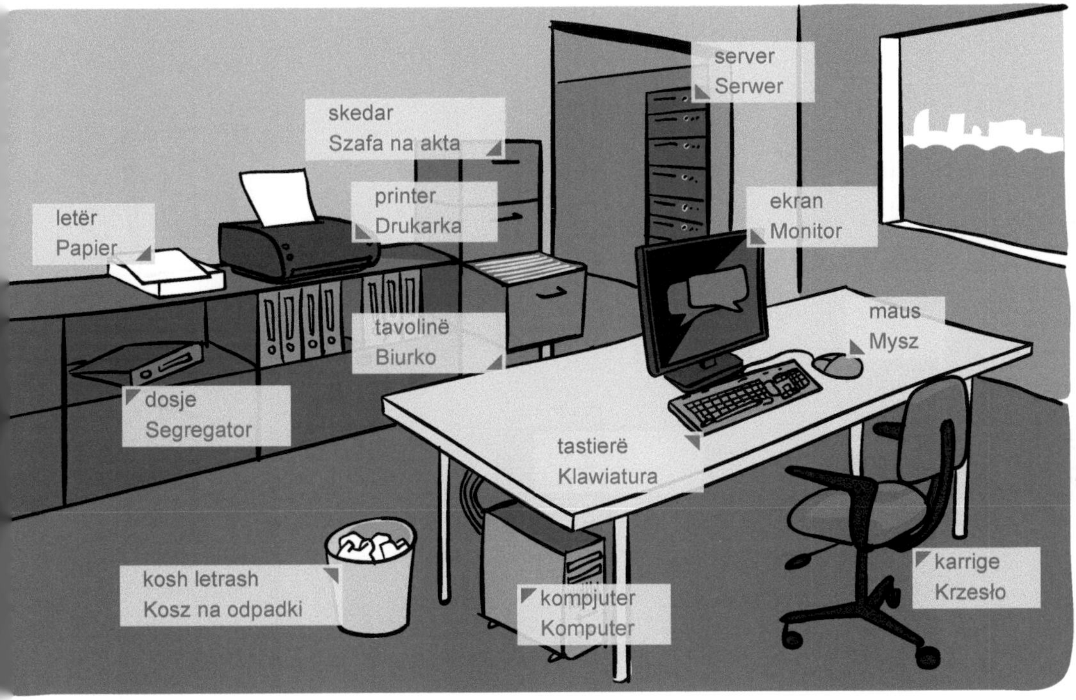

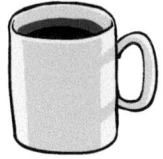

filxhan kafeje

Filiżanka do kawy

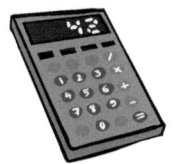

makinë llogaritëse

Kalkulator

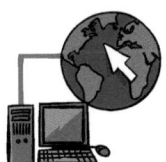

internet

Internet

kompjuter portativ	letër	mesazh
Laptop	List	Wiadomość

telefon	rrjet	fotokopje
Komórka	Sieć	Kopiarka

program	telefon	prizë
Oprogramowanie	Telefon	Gniazdko
	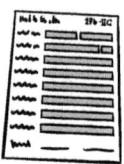	
pajisje faksi	formular	dokument
Faks	Formularz	Dokument

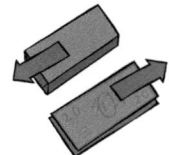

blej
kupić

paguaj
płacić

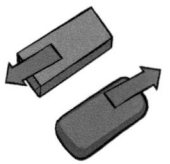

tregtoj
postępować

para
Pieniądze

dollar
Dolar

euro
Euro

jen
Jen

rubla
Rubel

franga zvicerane
Frank

juani kinez
Juan Renminbi

rupje
Rupia

bankomat
Bankomat

pikë këmbimi valutor

Kantor wymiany walut

ar

Złoto

argjend

Srebro

nafta

Olej

energji

Energia

çmim

Cena

kontratë

Umowa

taksë

Podatek

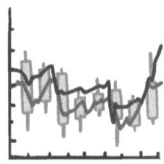

aksione

Akcja

punoj

pracować

punonjës

Pracownik umysłowy

punëdhënës

Pracodawca

fabrikë

Fabryka

dyqan

Sklep

profesionet
Zawody

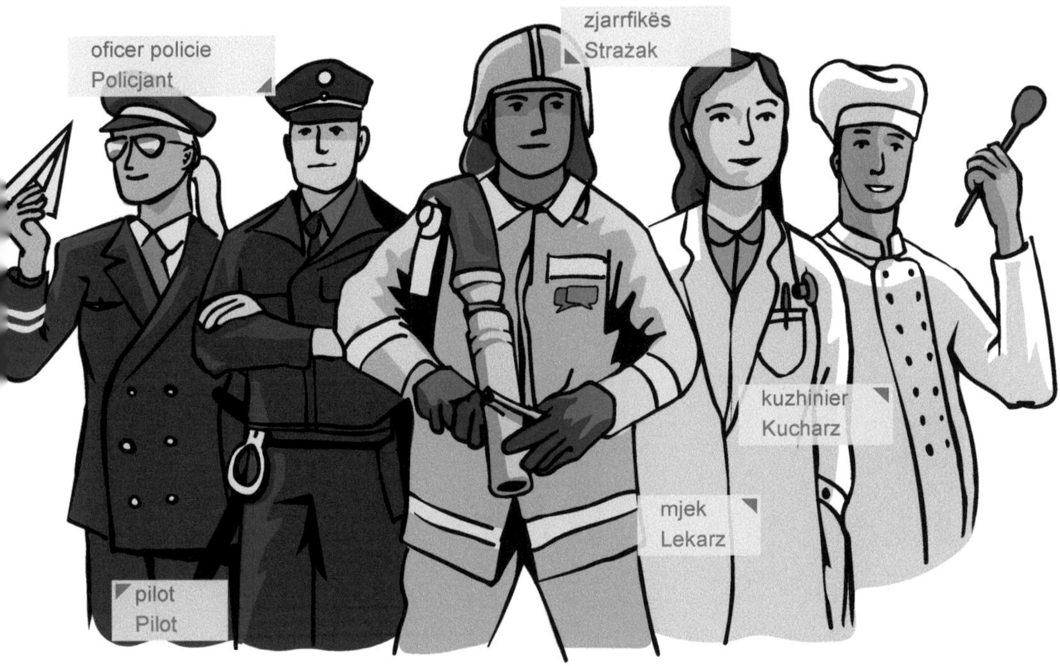
oficer policie
Policjant
zjarrfikës
Strażak
kuzhinier
Kucharz
mjek
Lekarz
pilot
Pilot

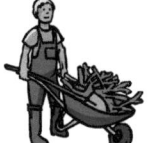

kopshtar

Ogrodnik

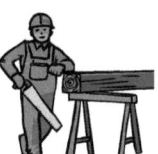

marangoz

Stolarz

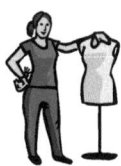

rrobaqepëse

Krawcowa

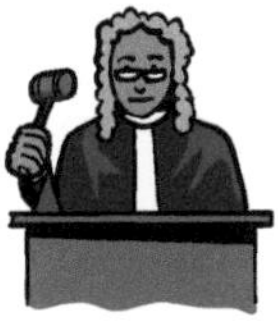

gjykatës

Sędzia

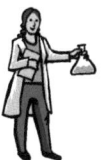

kimist

Chemik

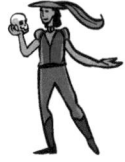

aktor

Aktor

shofer autobuzi

Kierowca autobusu

taksist

Taksówkarz

peshkatar

Fischer

pastruese

Sprzątaczka

riparues çatish

Dekarz

kamarier

Kelner

gjuetar

Myśliwy

piktor

Malarz

furrxhi

Piekarz

elektriçist

Elektryk

ndërtues

Robotnik budowlany

inxhinier

Inżynier

kasap

Rzeźnik

hidraulik

Instalator

postieri

Listonosz

ushtar

Żołnierz

arkitekt

Architekt

arkëtar

Kasjer

luleshitës

Florysta

berber

Fryzjer

kontrollor

Konduktor

mekanik

Mechanik

kapiten

Kapitan

dentist

Dentysta

shkencëtar

Naukowiec

rabin

Rabin

imam

Imam

murg

Mnich

klerik

Proboszcz

mjete
Narzędzia

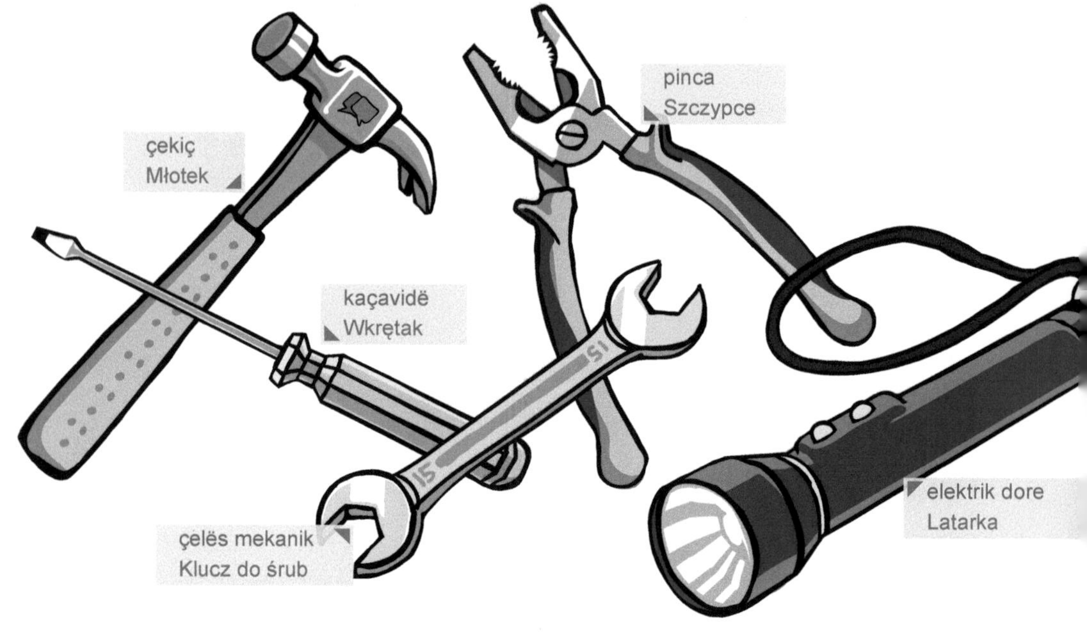

çekiç
Młotek
pinca
Szczypce
kaçavidë
Wkrętak
çelës mekanik
Klucz do śrub
elektrik dore
Latarka

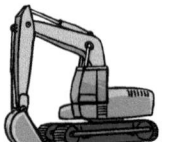

ekskavator

Koparka

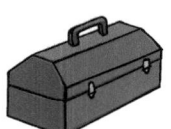

kuti veglash

Skrzynka narzędziowa

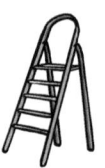

shkallë

Drabina

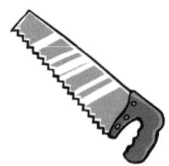

sharrë

Piła

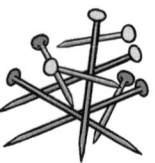

gozhdë

Gwoździe

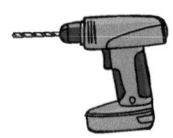

trapan

Wiertło

riparoj
....
naprawić

lopatë
....
Łopatka

Dreq!
....
Cholera!

kaci
....
Szufelka

kuti boje
....
Puszka z farbą

vidhë
....
Śruby

instrumenta muzikorë
Instrumenty muzyczne

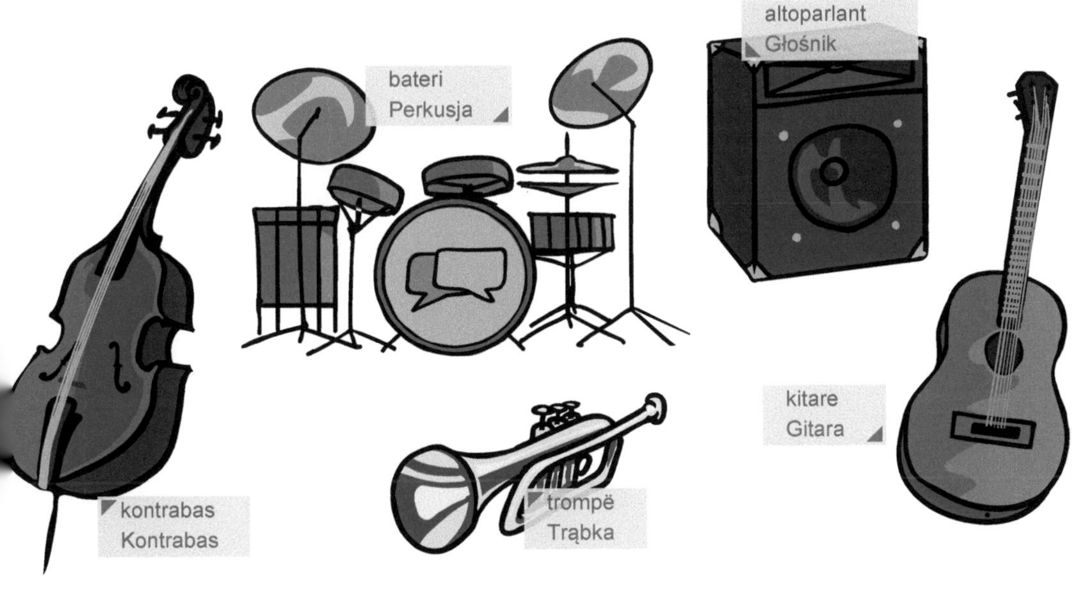

bateri
Perkusja

altoparlant
Głośnik

kontrabas
Kontrabas

trompë
Trąbka

kitare
Gitara

piano

Pianino

violinë

Skrzypce

bas

Bas

tamburë

Kotły

daulle

Bęben

tastierë pianoje

Keyboard

saksofon

Saksofon

flaut

Flet

mikrofon

Mikrofon

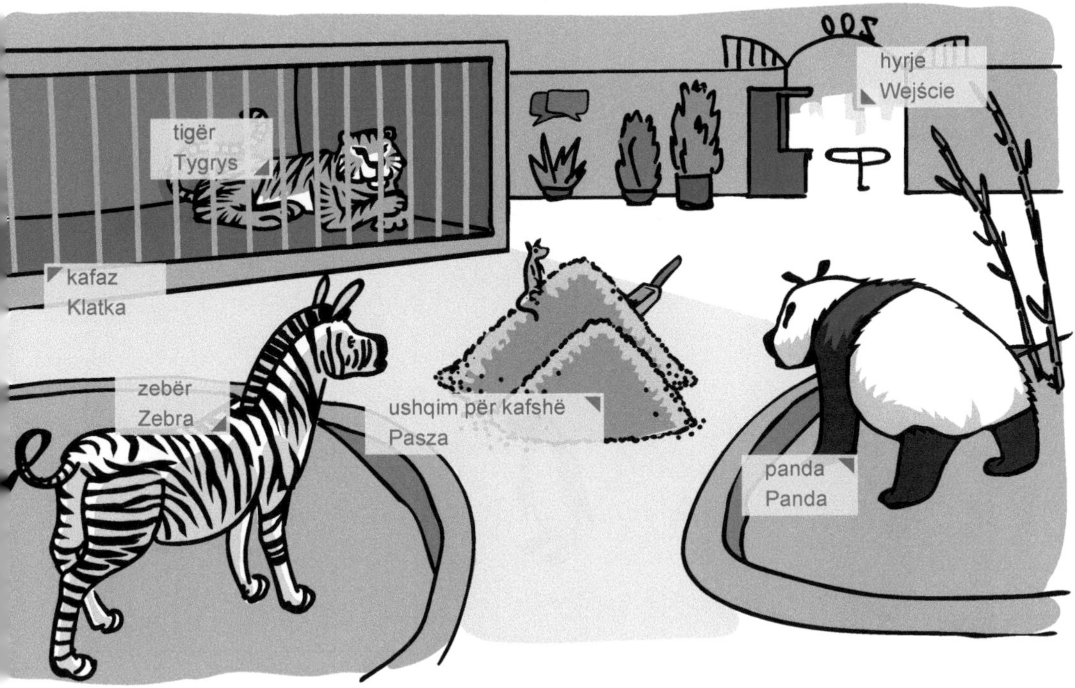

tigër
Tygrys

hyrje
Wejście

kafaz
Klatka

zebër
Zebra

ushqim për kafshë
Pasza

panda
Panda

kafshë

Zwierzęta

elefant

Słoń

kangur

Kangur

rinoceront

Nosorożec

gorillë

Goryl

ari

Niedźwiedź

deve

Wielbłąd

struc

Struś

luan

Lew

majmun

Małpa

flamingo

Fleming

papagall

Papuga

ari polar

Niedźwiedź polarny

pinguin

Pingwin

peshkaqen

Rekin

pallua

Paw

gjarpër

Wąż

krokodil

Krokodyl

punonjës i kopshtit zoologjik

Dozorca w zoo

fokë

Foka

xhaguar

Jaguar

poni

Kucyk

leopard

Gepard

hipopotam

Hipopotam

gjirafë

Żyrafa

shqiponjë

Orzeł

derr i egër

Dzik

peshk

Ryba

breshkë

Żółw

lopë deti

Mors

dhelpër

Lis

gazelë

Gazela

futboll amerikan
Futbol amerykański

çiklizëm
Kolarstwo

tenis
Tenis

basketboll
Koszykówka

not
Pływanie

boks
Boks

hokej mbi akull
Hokej na lodzie

futboll
Piłka nożna

badminton
Badminton

atletikë
Lekka atletyka

hendboll
Piłka ręczna

ski
Narciarstwo

polo
Polo

aktivitet
Działania

qesh
śmiać się
hidhem
skakać
përqafoj
objąć
eci
iść
këndoj
śpiewać
ëndërroj
marzyć
lutem
modlić się
puth
całować

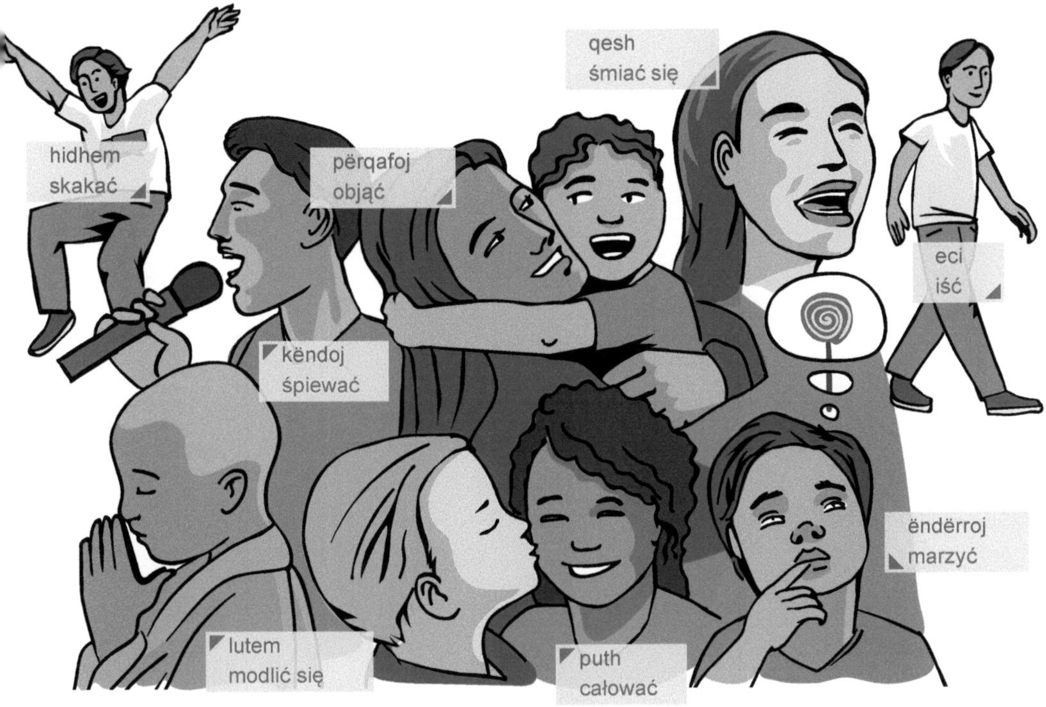

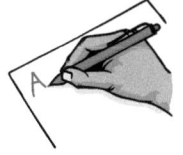

shkruaj
pisać

vizatoj
rysować

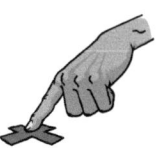

tregoj
pokazywać

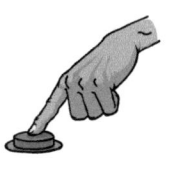

shtyj
nacisnąć

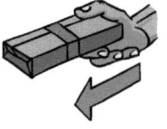

jap
dać

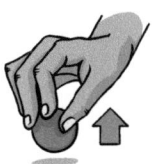

marr
wziąć

kam

mieć

bëj

robić

jam

być

qëndroj

stać

vrapoj

biegać

tërheq

ciągnąć

hedh

rzucać

bie

spaść

shtrihem

leżeć

pres

czekać

mbaj

nosić

ulem

siedzieć

vishem

zakładać

fle

spać

zgjohem

budzić się

shikoj
spojrzeć

qaj
płakać

përkëdhel
głaskać

kreh
czesać się

bisedoj
mówić

kuptoj
rozumieć

kërkoj
pytać

dëgjoj
słyszeć

pi
pić

ha
jeść

sistemoj
sprzątać

dashuroj
kochać

gatuaj
gotować

drejtoj makinën
jechać

fluturoj
latać

lundroj

żeglować

llogaris

liczyć

lexoj

czytać

mësoj

uczyć się

punoj

pracować

martohem

wejść w związek małżeński

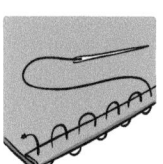

qep

szyć

laj dhëmbët

myć zęby

vras

zabić

tymos

palić tytoń

dërgoj

wysłać

gjyshe
Babcia

gjysh
Dziadek

baba
Ojciec

nënë
Matka

bebe
Niemowlę

vajzë
Córka

djalë
Syn

mysafir

Gość

teze, hallë

Ciotka

dajë, xhaxha

Wujek

vëlla

Brat

motër

Siostra

trupi

Ciało

balli
Czoło
syri
Oko
shpatulla
Ramię
gishti
Palec
fytyra
Twarz
mjekra
Broda
dora
Ręka
këmba
Noga
krahërori
Pierś
krahu
Ramię

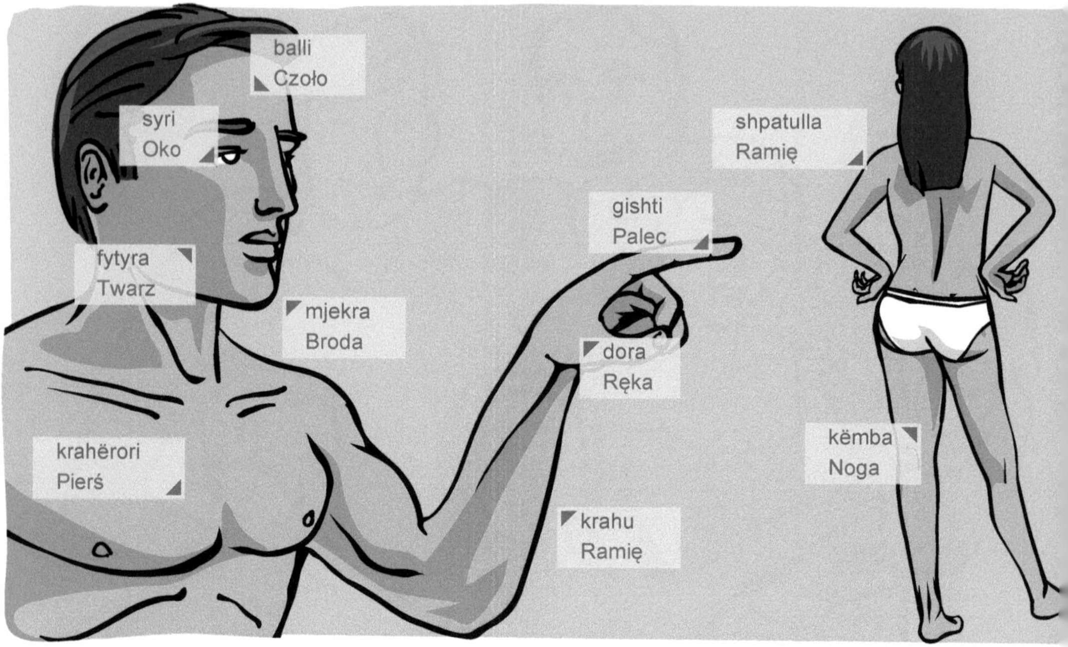

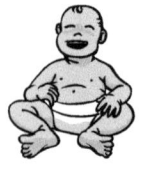

bebe

Niemowlę

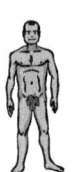

burrë

Mężczyzna

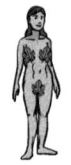

grua

Kobieta

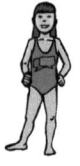

vajzë

Dziewczyna

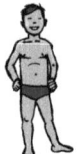

djalë

Chłopiec

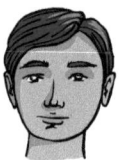

koka

Głowa

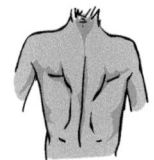

shpina

Plecy

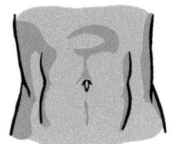

barku

Brzuch

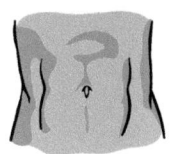

kërthiza

Pępek

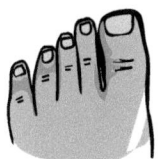

gisht këmbe

palec nogi

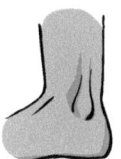

Thembra

Pięta

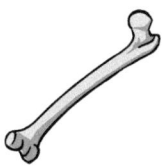

kockë

Kość

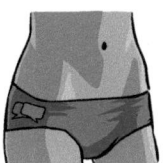

legeni

Biodro

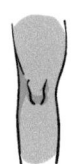

gjuri

Kolano

bërryli

Łokieć

hunda

Nos

vithe

Pośladki

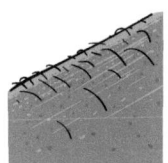

lëkura

Skóra

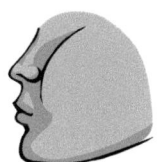

faqja

Policzek

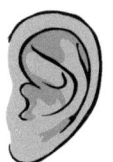

veshi

Uszy

buza

Warga

goja

Usta

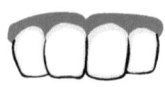

dhëmbët

Ząb

gjuha

Język

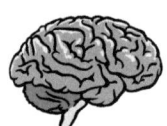

truri

Mózg

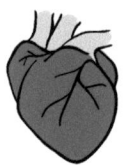

zemra

Serce

muskul

Mięsień

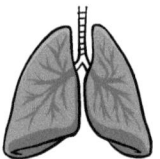

mushkëria

Płuca

mëlçia

Wątroba

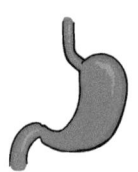

stomaku

Żołądek

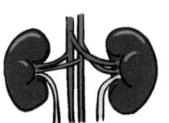

veshka

Nerki

seks

Stosunek płciowy

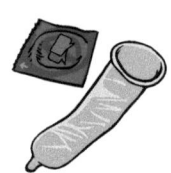

prezervativ

Kondom

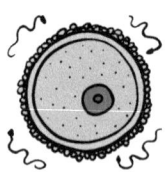

veza

Komórka jajowa

sperma

Sperma

shtatëzani

Ciąża

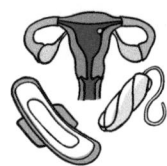

menstruacione

Menstruacja

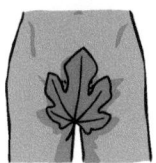

vagina

Wagina

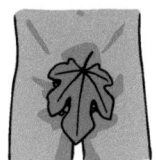

penis

Penis

vetulla

Brew

flokët

Włosy

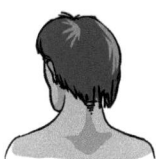

qafa

Szyja

spital
Szpital

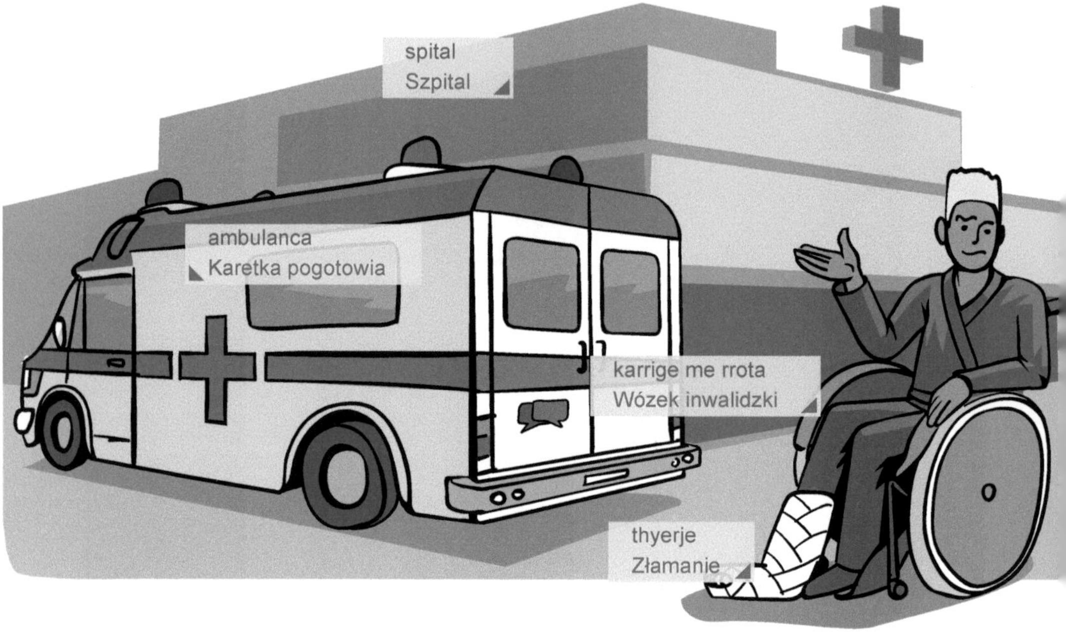

spital
Szpital
ambulanca
Karetka pogotowia
karrige me rrota
Wózek inwalidzki
thyerje
Złamanie

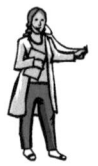

mjek

Lekarz

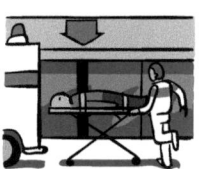

sallë urgjencash

Izba przyjęć

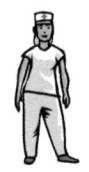

infermiere

Pielęgniarka

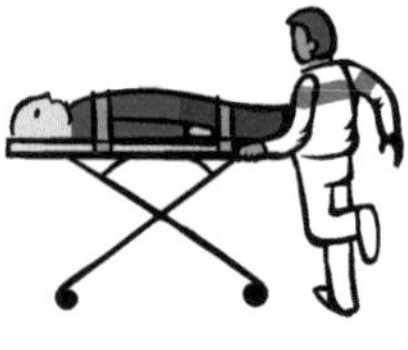

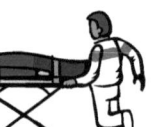

emergjencë

Nagły przypadek

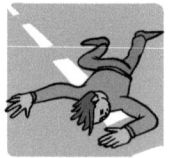

i pandërgjegjshëm

nieprzytomny

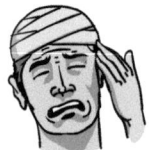

dhimbje

Ból

dëmtim

Skaleczenie

gjakosje

Krwawienie

infarkt

Zawał serca

goditje

Udar mózgu

alergji

Alergia

kolla

Kaszleć

ethe

Gorączka

grip

Grypa

diarre

Biegunka

dhimbje koke

Ból głowy

kancer

Rak

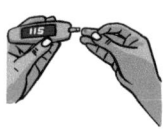

diabet

Cukrzyca

kirurg

Chirurg

bisturi

Skalpel

operacion

Operacja

CT (skaner)

CT

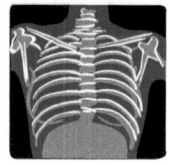

radiografi

Rentgen

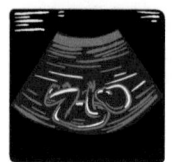

ultratingull

Ultradźwięki

maskë fytyre

Maska

sëmundje

Choroba

dhomë pritjeje

Poczekalnia

paterica

Kula

leukoplast

Plaster

fasho

Opatrunek

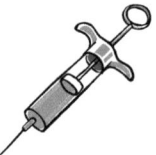

injeksion

Iniekcja

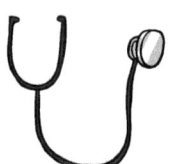

stetoskop

Stetoskop

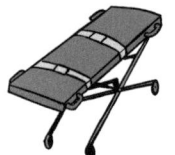

barelë

Nosze

termometër

Termometr

lindje

Poród

mbipeshë

Nadwaga

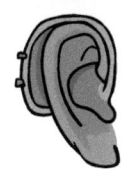

aparat dëgjimi

Aparat słuchowy

dezinfektant

Środek dezynfekcyjny

infeksion

Infekcja

virus

Wirus

HIV / AIDS

HIV / AIDS

mjekësi, mjekim

Medycyna

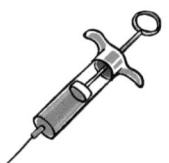

vaksinim

Szczepienie

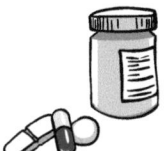

tableta

Tabletki

pilulë

Pigułka

telefonatë emergjence

Telefon ratunkowy

aparat tensioni

Ciśnieniomierz krwi

i sëmurë / i shëndetshëm

chory / zdrowy

Ndihmë!

Pomocy!

alarm

Alarm

sulm

Napad

atak

Atak

rrezik

Niebezpieczeństwo

dalje emergjence

Wyjście awaryjne

Zjarr!

Pożar!

fikëse zjarri

Gaśnica

aksident

Wypadek

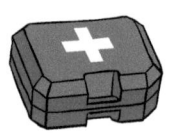

kuti e ndimës së shpejtë

Walizeczka pierwszej
pomocy

SOS

SOS

policia

Policja

Europa
....
Europa

Amerika e Veriut
....
Ameryka Północna

Amerika e Jugut
....
Ameryka Południowa

Afrika
....
Afryka

Azia
....
Azja

Australia
....
Australia

Atlantiku
....
Atlantyk

Paqësori
....
Pacyfik

Oqeani Indian
....
Ocean Indyjski

Oqeani Antarktik
....
Ocean Antarktyczny

Oqeani Arktik
....
Ocean Arktyczny

Poli i veriut
....
Biegun północny

Poli i Jugut

Biegun południowy

Antarktida

Antarktyda

toka

Ziemia

tokë

Kraj

det

Morze

ishull

Wyspa

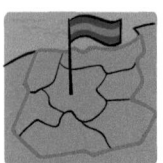

komb

Naród

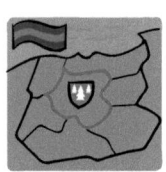

shtet

Państwo

fusha e orës

Cyferblat

akrepi i orës

Wskazówka godzinowa

akrepi i minutave

Wskazówka minutowa

akrepi i sekondave

Wskazówka sekundowa

Sa është ora?

Która godzina?

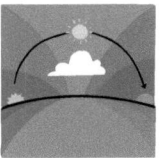

ditë

Dzień

kohë

Czas

tani

teraz

orë dixhitale

Zegarek digitalny

minutë

Minuta

orë

Godzina

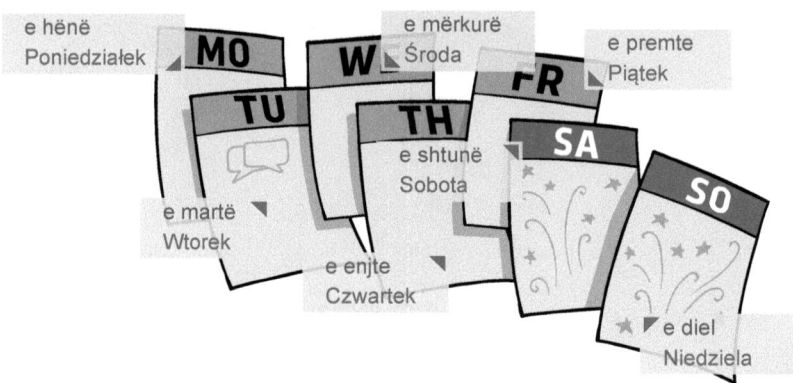

e hënë
Poniedziałek

e mërkurë
Środa

e premte
Piątek

e martë
Wtorek

e shtunë
Sobota

e enjte
Czwartek

e diel
Niedziela

dje

wczoraj

sot

dzisiaj

nesër

jutro

mëngjes

Rano

mesditë

Południe

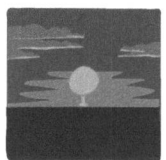

mbrëmje

Wieczór

MO	TU	WE	TH	FR	SA	SU
1	2	3	4	5	6	7
8	9	10	11	12	13	14
15	16	17	18	19	20	21
22	23	24	25	26	27	28
29	30	31	1	2	3	4

ditë pune

Dni robocze

MO	TU	WE	TH	FR	SA	SU
1	2	3	4	5	6	7
8	9	10	11	12	13	14
15	16	17	18	19	20	21
22	23	24	25	26	27	28
29	30	31	1	2	3	4

fundjavë

Weekend

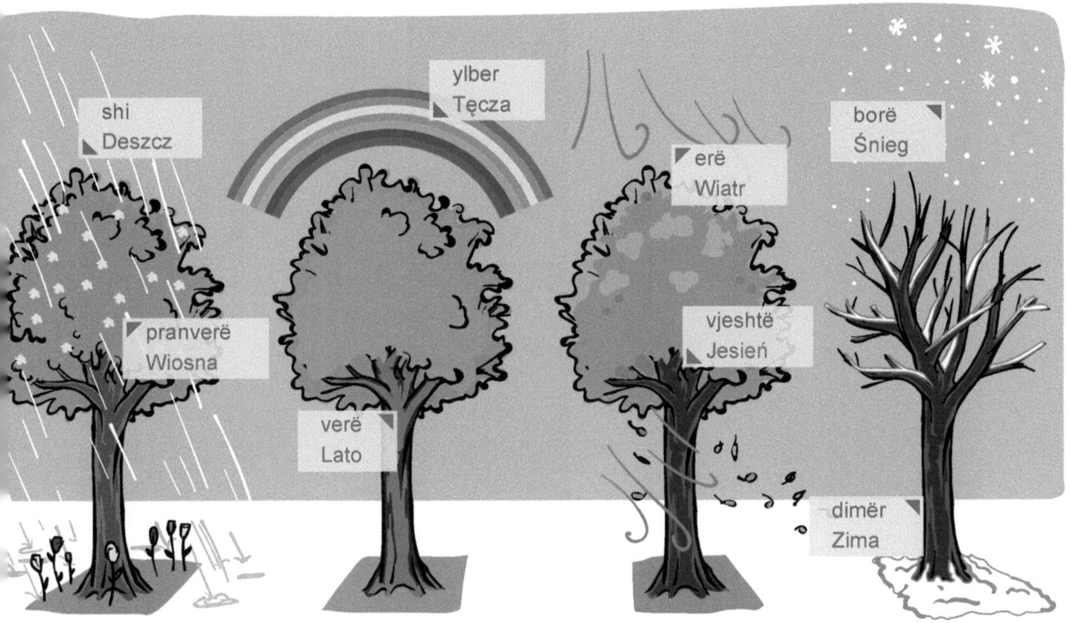

shi
Deszcz

ylber
Tęcza

erë
Wiatr

borë
Śnieg

pranverë
Wiosna

vjeshtë
Jesień

verë
Lato

dimër
Zima

parashikimi i motit

Prognoza pogody

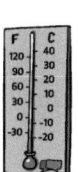

termometër

Termometr

ndriçim dielli

Światło słoneczne

re

Chmura

mjegull

Mgła

lagështi

Wilgotność powietrza

vetëtima

Błyskawica

gjëmim

Grzmot

stuhi

Sztorm

breshër

Grad

muson

Monsun

përmbytje

Potop

akull

Lód

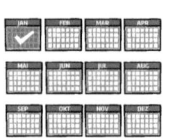

janar

Styczeń

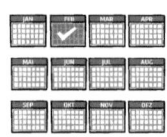

shkurt

Luty

mars

Marzec

prill

Kwiecień

maj

Maj

qershor

Czerwiec

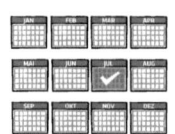

korrik

Lipiec

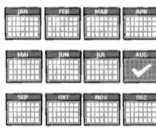

gusht

Sierpień

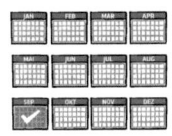

shtator
....
Wrzesień

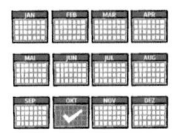

tetor
....
Październik

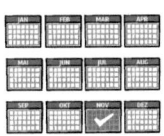

nëntor
....
Listopad

dhjetor
....
Grudzień

forma
Kształty

rreth
....
Koło

katror
....
Kwadrat

drejtkëndësh
....
Prostokąt

trekëndësh
....
Trójkąt

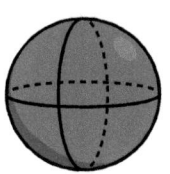

sferë
....
Kula

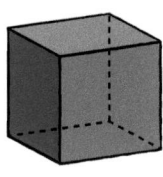

kub
....
Sześcian

e bardhë

biały

e verdhë

żółty

portokalli

pomarańczowy

rozë

różowy

e kuqe

czerwony

vjollcë

liliowy

blu

niebieski

e gjelbër

zielony

kafe

brązowy

gri

szary

e zezë

czarny

shumë / pak

dużo / mało

i nevrikosur / i qetë

wściekły / spokojny

i bukur / i shëmtuar

piękny / brzydki

fillim / fund

początek / koniec

i madh / i vogël

duży / mały

i ndritshëm / i errët

jasny / ciemny

vëlla / motër

brat / siostra

e pastër / e pistë

czysty / brudny

e plotë / jo e plotë

kompletny / niekompletny

ditë / natë

dzień / noc

gjallë / vdekur

umarły / żywy

i gjerë / i ngushtë

szeroki / wąski

i ngrënshëm / i pangrënshëm
jadalny / niejadalny

i keq / i këndshëm
zły / uprzejmy

i lumtur / i mërzitur
podniecony / znudzony

i shëndoshë / i dobët
gruby / chudy

e para / e fundit
najpierw / na końcu

mik / armik
przyjaciel / wróg

plot / bosh
pełen / pusty

e fortë / e butë
twardy / miękki

e rëndë / e lehtë
ciężki / lekki

uri / etje
głód / pragnienie

i sëmurë / i shëndetshëm
chory / zdrowy

e paligjshme / e ligjshme
nielegalny / legalny

i zgjuar / budalla
inteligentny / głupi

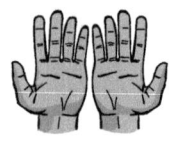

majtas / djathtas
lewo / prawo

afër / larg
bliski / daleki

e re / e përdorur

nowy / używany

asgjë / diçka

nic / coś

i moshuar / i ri

stary / młody

ndezur / fikur

włącz / wyłącz

hapur / mbyllur

otwarty / zamknięty

i qetë / i zhurmshëm

cichy / głośny

i pasur / i varfër

bogaty / biedny

e drejtë / e gabuar

prawidłowy / błędny

i ashpër / i butë

chropowaty / gładki

i mërzitur / i lumtur

smutny / szczęśliwy

i shkurtër / i gjatë

krótki / długi

ngadalë / shpejt

powolny / szybki

i lagësht / i thatë

mokry/suchy

ngrohtë / freskët

ciepły / chłodny

luftë / paqe

wojna / pokój

0

zero

zero

1

një

jeden

2

dy

dwa

3

tre

trzy

4

katër

cztery

5

pesë

pięć

6

gjashtë

sześć

7

shtatë

siedem

8

tetë

osiem

9

nentë

dziewięć

10

dhjetë

dziesięć

11

njëmbëdhjetë

jedenaście

12
dymbëdhjetë

dwanaście

13
trembëdhjetë

trzynaście

14
katërmbëdhjetë

czternaście

15
pesëmbëdhjetë

piętnaście

16
gjashtëmbëdhjetë

szesnaście

17
shtatëmbëdhjetë

siedemnaście

18
tetëmbëdhjetë

osiemnaście

19
nentëmbëdhjetë

dziewiętnaście

20
njëzetë

dwadzieścia

100
qind

sto

1.000
mijë

tysiąc

1.000.000
milion

milion

anglisht

Angielski

anglishte amerikane

Angielski amerykański

kinezisht mandarin

Chiński mandaryński

hindi

Hindi

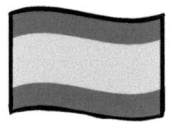

spanjisht

Hiszpański

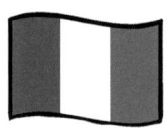

frëngjisht

Francuski

arabisht

Arabski

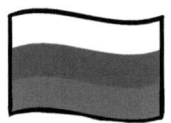

rusisht

Rosyjski

portugalisht

Portugalski

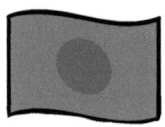

bengalisht

Bengalski

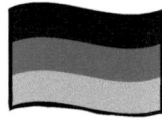

gjermanisht

Niemiecki

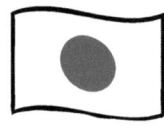

japonisht

Japoński

une
....
ja

ti
....
ty

ai / ajo
....
on / ona / ono

ne
....
my

ju
....
wy

ata
....
oni

kush?
....
kto?

çfarë?
....
co?

si?
....
jak?

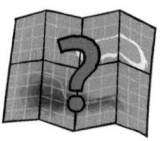

ku?
....
gdzie?

kur?
....
kiedy?

emër
....
Nazwisko

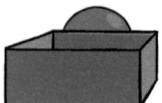

pas

za

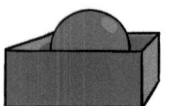

në

w

përballë

przed

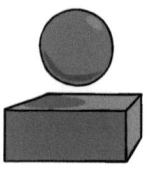

sipër

powyżej

mbi

na

poshtë

pod

pranë

obok

midis

między

vend

Miejsce